Warum wir eine andere Gesellschaft brauchen!

Warum wir eine andere Gesellschaft brauchen!

Michael Hirsch

Louisoder Verlag 2013

Müllerstraße 27, 80469 München

www.louisoder-verlag.de
Lektorat: Nikolai Podak
Covergestaltung: Zero München
Druck: Kessler Druck + Medien GmbH & Co. KG,
Bobingen
ISBN: 978-3-944153-02-5

Einleitung

„So wie es ist, kann es nicht bleiben". Einer der Slogans von 1968. Er könnte heute als Motto für einen noch unklaren politisch-kulturellen Impuls zur Veränderung der Gesellschaft dienen. Mein Manifest mit dem Titel *Warum wir eine andere Gesellschaft brauchen!* versucht, die Umrisse einer möglichen gemeinsamen Plattform für eine fortschrittliche politische Agenda zu skizzieren. Ich gehe von einem weit verbreiteten diffusen Unbehagen an den gegenwärtigen Verhältnissen und Lebensformen aus; ein Unbehagen, dessen Artikulation und Präzisierung noch aussteht. Meine These ist, dass es dem kritischen Bewusstsein und dem politischen Aktivismus, dem Engagement vieler Bürger und sozialer Bewegungen heute an einer gemeinsamen Agenda fehlt. Es fehlt an einem gemeinsamen Bezugspunkt über politische Ziele; es fehlt an einem zusammenhängenden Programm – an einer neuen großen Erzählung über einen möglichen Fortschritt. Es fehlt also an einer politischen und ideenpolitischen Klärung dessen, was wir wollen, sowie dessen, was wir nicht (mehr) wollen. Ich möchte mit meinem Manifest einen Beitrag zur gesellschaftlichen Selbstverständigung in dieser Hinsicht leisten.

Aus dem diffusen Gefühl, dass es nicht so weitergehen kann wie bisher, muss heute eine klare Vorstellung über alternative gesellschaftliche Richtungsentscheidungen und Entwicklungsmöglichkeiten werden. Dazu gehört nicht nur die Artikulation eines wachsenden Unbehagens an den gegenwärtigen Verhältnissen. Dazu gehören auch Ideen im starken Sinne: Vorstellungen über mögliche andere Gesellschaftsformen und eine andere Weise zu leben.

Denn nicht nur unsere kapitalistische *Wirtschaftsweise* ist in die Krise geraten, sondern mit ihr auch unsere ganze *Lebensweise*: all das, was wir immer noch als „normal" betrachten an unserer Form zu produzieren; an den verschiedenen Formen der Arbeit und der Art und Weise ihrer sozialen Verteilung und Belohnung; an den gewohnten Formen von Konsum, Energieverbrauch und Transport. Unser politisches Leben wird von einem überwältigenden Konservatismus beherrscht: „Weiter so", das ist das oberste Ziel der technokratischen Krisenpolitik in Sachen Finanzwirtschaft, Umwelt, Bildung und Arbeit. Diese Krisenpolitik nimmt immer offensichtlicher postdemokratische Züge an. Der Entwurf für eine emanzipatorische Alternative muss deswegen zwei

Schwerpunkte haben. Zum einen geht es um die Formulierung einer kulturellen Idee – eines Leitbilds für die gesellschaftliche Entwicklung, das auch eine Idee von denjenigen gemeinsamen Lebensformen zu enthalten hat, die wir in Zukunft anstreben. Zum anderen geht es um die Formulierung einer fortschrittlichen Reformagenda in ihren Umrissen: um die Formulierung einer demokratischen, sozialen, feministischen und ökologischen Alternative zur neoliberalen Umstrukturierung der Gesellschaft. Es geht um die Formulierung einer Alternative zur politisch nach wie vor dominierenden Grundsatzentscheidung für „Wachstum und Beschäftigung". Wachstum und Beschäftigung sind heute die fast unwidersprochenen Konsens- und Gemeinwohlformeln der Gesellschaft. Meine These ist, dass wir nicht eine technokratische Reformpolitik, sondern ein neues Entwicklungsmodell brauchen. Wir brauchen eine Vorstellung davon, wie eine Postwachstumsökonomie aussehen könnte: eine in sozial-, geschlechter- und umweltpolitischer Hinsicht nachhaltige Gesellschaftsform. Eine neue politische und kulturelle Leitvorstellung über „normale" Lebensformen muss im Zentrum einer demokratischen Umgestaltung der Gesellschaft stehen. Es geht hier um die

Ablösung der industriegesellschaftlichen und „androzentrischen“ Lebensform des Westens als des Leitbilds unserer sozialen Normen und Normalitätsvorstellungen. Die demokratische Qualität von Veränderungen hängt nicht nur vom Niveau der staatsbürgerlichen Aufklärung und des zivilgesellschaftlichen Engagements ab, sondern auch von der Qualität derjenigen Ideen, in deren Namen gesellschaftliche Umgestaltungen gefordert und durchgesetzt werden. Dabei geht es eben nicht um abstrakte Ideen und Gerechtigkeitsdoktrinen, sondern auch um konkrete kulturelle Vorstellungen, Normen und Wertvorstellungen für unser alltägliches Leben: für die verschiedenen Rollen, die Menschen in ihrem Leben spielen; für die Verteilung sozialer Güter wie Lebenschancen, Qualifikationen, Einkommen, Arbeitszeiten und Arbeitsarten zwischen den einzelnen Klassen, Geschlechtern, Generationen und Nationen.

1. Die demokratische und die kulturelle Frage

Im Mittelpunkt einer anspruchsvollen demokratischen Erneuerung hat meines Erachtens im deutschen Kontext eine linke Auslegung des Grundgesetzes zu stehen: Gegen die Regressionen der Verfassungspraxis, die Verselbstständigungen der nationalen wie europäischen Behörden (nicht zuletzt des Bundes-Verfassungsgerichts selbst) aus demokratischer Kontrolle ist auf der Notwendigkeit zu insistieren, den Gehalt der Verfassung nicht als eine inhaltliche Zielvorgabe der Politik, sondern als Grundlage eines fortschrittlichen und prinzipiell links von der jeweiligen historischen Wirklichkeit stehenden Projekts zur Veränderung der Gesellschaft stark zu machen. Das entspricht den Ideen der staatsrechtlichen Linken der frühen Bundesrepublik um Wolfgang Abendroth und Helmut Ridder. Abendroth hatte als Programm einer radikalen, nicht nur formalen, sondern realen Demokratie die Demokratisierung nicht nur des Staatswesens, sondern der ganzen Gesellschafts- und Wirtschaftsordnung konsequent gefordert. Im Rahmen einer solchen Auslegung des Grundgesetzes geht es dann zum einen um die Stärkung der basisdemokratischen Elemente in der Bundespolitik (laut Artikel 20 Absatz 2 geht die Staatsgewalt vom Volke aus und wird „in Wahlen und Abstimmungen" ausgeübt); geht es gemäß Artikel 20 Absatz 4 um ein Recht zum

Widerstand des Volkes gegen diejenigen, die es unternehmen, die demokratische Grundordnung auszuhöhlen (zum Beispiel durch die Übertragung von Souveränitätsrechten oder Quasi-Souveränitätsrechten auf demokratisch gar nicht oder nur schwach legitimierte supranationale Behörden sowie auf Unternehmen); geht es im Bezug auf Artikel 14 und 15 um eine starke Interpretation der Sozialpflichtigkeit (und der Möglichkeit der Sozialisierung) des Eigentums sowie um eine starke Interpretation des Sozialstaatsartikels gemäß Artikel 20 Absatz 1. Die Radikalisierung des Sozialstaats- und Demokratieprinzips steht im Mittelpunkt eines solchen Reformprojekts. Die umfassende Stärkung demokratischer und sozialer Beteiligungsrechte steht ihrer bloß formalen Auslegung entgegen: der bloßen Gewährung minimaler Wahlrechte und Existenzrechte der Bürger.

Es geht aber nicht nur um die Verbindung der demokratischen mit der sozialen Frage. Ich plädiere auch dafür, die demokratische Frage nach der Qualität der politischen Willensbildung des Volkes stärker mit der *kulturellen Frage* nach der Qualität unserer intellektuellen Formen der Ideenbildung zu verbinden. Die demokratische Mündigkeit hängt zu einem nicht unerheblichen Teil von der kulturellen ab: die Volkssouveränität von der Souveränität und Unabhängigkeit von Produktion, Austausch und Diskussion derjenigen Gedanken, welche die kulturellen Normen und Hintergrundannahmen unserer Gesellschaft darstellen, festlegen, bestreiten und reformulieren. Nur mit einem starken Begriff von Bildung und intellektueller Arbeit lässt sich meines Erachtens eine Alternative zur neoliberalen Gesellschaftsform und zur neoliberalen kulturellen Hegemonie theoretisch denken und praktisch durchsetzen. Auf der intellektuellen Ebene der Debatte geht es dann um folgenreiche Modellüberlegungen: um *konkrete Utopien*. Gegenüber der allgemein herrschenden und allen anempfohlenen Kurzfristigkeit und Kleinmütigkeit des Denkens fordere ich also eine Weitung der Perspektive. Der kategorische Imperativ des fortschrittlichen Lagers lautet mithin „Groß Denken!". Es gilt, sich mental aus den herrschenden Gewohnheiten und Lebensformen zu erheben: aus den eingeübten Vorstellungen darüber, was möglich und was „normal" ist. Anstatt immer nur den Mangel an neuen Ideen und politischer Fantasie zu beklagen, gilt es, zugleich die demokratische Debatte in der Politik und die intellektuelle Debatte in der Kultur durch eine neue schöpferische Intelligenz wiederzubeleben. Nur dann wird sich für uns wieder eine fortschrittliche politische Alternative eröffnen. Das Manifest lädt zu einer solchen Wiederbelebung ein und versucht, Ansatzpunkte für ein fortschrittliches Reformprogramm der Zukunft zu formulieren. Nur wenn wir Alternativen zum Bestehenden überhaupt wieder theoretisch denken können, lassen sie sich auch in praktisch-politischer Weise konkretisieren. Nur wenn die soziale Frage mit der demokratischen und der Frage nach dem Sinn verbunden wird, kann der Fortschrittsgedanke wieder eine attraktive Kontur gewinnen. In diesem Zusammenhang entscheidet sich, ob die Linke nur noch ihr fortschrittliches Erbe verwaltet oder ob sie noch einmal zu einer wirklich emanzipatorischen Kraft werden kann.

2. Was fehlt

Die gegenwärtige Krise stärkt nicht nur den Konservatismus in den gesellschaftlichen Strukturen, sondern auch den in den Köpfen. Selbst die Bürgerproteste im Umkreis der Occupy-Bewegung sind zu einem großen Teil in den institutionellen und mentalen Strukturen der Vergangenheit verhaftet. Die Debatten orientieren sich meist am Status quo und seiner Aufrechterhaltung beziehungsweise seiner Wiederherstellung. Irgendetwas fehlt bisher in unseren öffentlichen Debatten. Es fehlt die Öffnung zur Zukunft – zu einer Zukunft, die mehr wäre als die bloße Verlängerung der Vergangenheit. Es gibt einen unübersehbaren Mangel an schöpferischer Kraft bei den etablierten Politikern und Intellektuellen. Der gegenwärtig jämmerliche Zustand der deutschen Sozialdemokratie ist ja nur ein Ausdruck dieses grundlegenden Problems eines Mangels an politischer Einbildungskraft in den intellektuellen Debatten der Zivilgesellschaft. Wenn aber zuerst jemand Schuld trägt, dann sind es die kulturellen Eliten – die professionellen Intellektuellen in den Universitäten, in den Rundfunk- und Fernsehanstalten, in den Zeitungen und Zeitschriften. Es fehlt das Wort, der Gedanke, der die Gegenwart auf den Punkt bringt und sich emphatisch auf eine bessere Zukunft bezieht. Das galt ab irgendeinem Moment im intellektuellen Diskurs der Gesellschaft auf eine merkwürdige Weise als peinlich, als uncool. Es wurde verbannt in private Spekulationen und in die Lektüren längst verstorbener Geistesgrößen und ihren „großen Theorien“. Seitdem leben wir wie unter einem Bann: Der Betrieb der Kultur läuft weiter, aber niemand glaubt mehr wirklich daran, dass es in diesem Spiel um relevante Gegenstände und große Einsätze geht. Große Posen ja, aber doch eher kleine Brötchen.

Irgendwann wurde von den herrschenden Eliten des intellektuellen Feldes ein kulturelles Tabu über jedes emphatisch fortschrittliche Denken verhängt. „Das geht so nicht mehr“; „Das kann man so nicht mehr machen“ – das waren noch die freundlicheren Kommentare gegenüber Dissidenten dieses neuen kulturellen Gesetzes. Stil und Tonfall hatten jetzt „smart“ zu sein im zeitgenössischen Denken, der Inhalt irgendwie „professionell“ und „innovativ“. Das passte irgendwann perfekt zu der aktuellen Stufe der verwalteten Kultur: der auf Einschaltquote fixierten Sparpolitik auch der seriöseren Medien im Zeitungs-, Rundfunk- und Fernsehbereich sowie dem Übergang von freier, am Ethos nonkonformistischer Geistigkeit orientierter Einzelforschung zur Gruppen- und Auftragsforschung, zur Einrichtung von „Sonderforschungsbereichen“ und „Exzellenzclustern“ an den Universitäten.

3. Wie wollen wir leben

Die fortschrittliche Frage ist nicht, wie wir das gegenwärtige Niveau des Wohlstands und die gewohnten Verhaltensweisen, Ordnungen und Normalitäten bewahren können (angesichts einer Krise, die sie bedroht, und einer technokratischen Krisenpolitik, die „notwendige Reformen" durchsetzt und als alternativlos hinstellt). Die Frage ist vielmehr, wie wir die Gesellschaft progressiv verändern können. Es kann heute nicht mehr um die Erhaltung einer als Normalitätsmaßstab empfundenen Vergangenheit gehen. Es geht vielmehr um einen Bruch mit den Gewohnheiten des Lebens und Denkens; es geht um Ideen für eine bessere Zukunft. Denn wir leiden ja nicht nur unter einer fortschreitenden Entdemokratisierung der Politik. Wir leiden auch an einer andauernden Lähmung des Denkens. Es gilt heute, die uralte philosophische Frage nach dem guten Leben und die spezifisch moderne Frage nach dem Fortschritt zu verbinden: *Wie wollen wir leben? In welcher Gesellschaft wollen wir leben?* Die herrschenden Eliten sagen uns, dass diese Frage falsch gestellt ist; zu einfach und zu naiv, zu voluntaristisch und zu „romantisch". Sie bringen das Realitätsprinzip als solches in Anschlag – und damit die bestehende Ordnung als die höchste Norm.

Es ist aber nur dann möglich, die Frage nach dem guten Leben überhaupt auf die Tagesordnung zu bringen, wenn der Wunsch, anders zu leben, besser zu leben, einen bestimmten Schwellenwert überschreitet. Es hängt von uns allen ab, ob und wann das geschieht; ob die Frage nach dem richtigen Leben in den politischen und kulturellen Vordergrund tritt (und dort den reaktiven Wunsch der Bewahrung von Gewohnheiten und Besitzständen von der Bühne verdrängt). Die gegenwärtige Hochblüte psychologischer und philosophischer Ratgeberliteratur markiert das Abdrängen der Frage nach dem richtigen Leben ins Private. Der Wunsch nach einer Änderung der herrschenden Lebensweise aber ist ein *politischer* Wunsch. Er betrifft die Lebensformen und den Alltag: die gemeinsamen Normalitäten, Gewohnheiten und Vereinbarungen in der Arbeitswelt, im Familienleben und im Sozialstaat. Die fortschrittliche Änderung der Gesellschaft betrifft eben nicht nur abstrakt „die Systeme" und „den Kapitalismus", sondern genauso sehr die herrschenden Lebensformen. Sie betrifft den hegemonialen Lebensstil des industriegesellschaftlichen Nordens. Es ist die universal als Normalitätsmaßstab vorausgesetzte, in Wahrheit extrem partikulare Lebensweise des „westlichen“, „arbeitenden“ Mannes, die hier infrage steht. Fortschrittlich wird der Wunsch nach einer anderen Lebensform als der herrschenden dann, wenn dieser Wunsch ein demokratisches „Wir“ erzeugt: wenn er im Namen einer demokratischen Umgestaltung der Gesellschaft von unten spricht. In dieser Hinsicht überhaupt wieder das Wort zu erheben, überhaupt wieder einmal ein zugleich politisches wie kulturelles Selbstbewusstsein als demokratische Staatsbürger zu erheben – das ist unsere gegenwärtige Aufgabe.

4. Der Kampf um die Macht

Die Frage „Wie wollen wir eigentlich leben?“ ist die Frage nach der Neubegründung der Demokratie. Wir müssen die Frage nach einer selbstbewussten demokratischen Willensbildung des Volkes gegenüber den politisch und wirtschaftlich Mächtigen stellen – an die wir allzu lange die Verantwortung für die gesellschaftliche Entwicklung und die Gestaltung unserer Lebensformen abgetreten haben. Der völlige Bankrott der Funktionäre in Politik, Kultur und Medien, der völlige Mangel an Ideen ist so unübersehbar, dass die größte Gefahr darin besteht, sich daran zu gewöhnen. Gegen diese politische und kulturelle Apathie gilt es anzukämpfen. Mit anderen Worten, es geht um die Rückeroberung der Macht: um den Ausgang aus der selbst verschuldeten Unmündigkeit. Es geht um die Eroberung der politischen, wirtschaftlichen und kulturellen Macht durch die Bürger: der Macht, die Probleme zu definieren, die wichtigen Fragen zu stellen und sich selbst für ihre Beantwortung zuständig zu fühlen. Dieser Machtanspruch muss von uns erhoben und er muss öffentlich erklärt werden, in Form von Demonstrationen, Schriften, Erklärungen, Programmen und Forderungen. Wie bei anderen Erklärungen auch, zum Beispiel der Allgemeinen Erklärung der Menschenrechte, handelt es sich um den Gebrauch der konstituierenden Macht des Volkes. Diese demokratische Gewalt der Neugründung des Gemeinwesens ist es, die heute fehlt. Sie zu bilden ist die Aufgabe einer fortschrittlichen Linken. Der Unterschied zwischen dieser Linken und den anderen politischen Lagern wird sein: Wir erkennen die Notwendigkeit einer demokratisch, sozial und ökologisch neuen

Form des Gesellschaftsvertrags, während die andere Seite der Auffassung ist, es sei im Prinzip eigentlich alles in Ordnung. An diesem grundlegenden politischen Unterschied gilt es zu arbeiten. Den Ausgangspunkt bildet die These: „So wie es ist, kann es nicht bleiben."

5. Schöpferische Demokratie – ein neuer Gesellschaftsvertrag

Der kategorische Imperativ einer neuen fortschrittlichen Bewegung kann also nicht mehr nur lauten *„Empört Euch!"*.[1] Er darf auch nicht (wie in dem linksradikalen Manifest *„Der kommende Aufstand"*[2]) der bloße Appell an radikalen Widerstand, Protest und Revolte sein. Beides sind eher reaktive Gesten. Die entweder nur auf ein besseres Funktionieren des aktuellen Systems oder auf die demokratische Empörung als moralische Geste, die an den guten Willen der Mächtigen adressiert ist, spekulieren; oder in apokalyptischer Manier auf einen wirklichen Zusammenbruch des morschen aktuellen Gesellschaftssystems. Demgegenüber

---

1 Stéphane Hessel: *Empört Euch!*, Berlin 2011

2 Unsichtbares Komitee: *Der kommende Aufstand*, Hamburg 2010

geht es um eine schöpferische demokratische Kraft, welche auf einen neuen Gesellschaftsvertrag abzielt: auf neue, emanzipatorische und sozial gerechte Vereinbarungen über die gesellschaftlichen Normalitäten der Arbeit und Wirtschaft, der Geschlechterverhältnisse und der Familie, der demokratischen Politik in Staat und Zivilgesellschaft, der Bildung und des kulturellen Lebens.

Den Ausgangspunkt bilden die *Symptome des Leidens* an der gegenwärtigen Gesellschaft: an der *marktkonformen Demokratie*, zu der sich unser Gemeinwesen in der Krise entwickelt hat; an der fortdauernden ökologischen Zerstörung infolge des Wachstumszwangs; am herrschenden Zwang zu Überproduktion und Überbeschäftigung; an den sich verschärfenden sozialen Ungleichheiten innerhalb und zwischen den Gesellschaften; an der fortdauernden Ungleichheit der Geschlechter; und an der fortschreitenden Verschlechterung der Arbeits- und Lebensbedingungen. Die Krise der Gesellschaft ist grundsätzlicher Natur. Es bedarf zu ihrer Überwindung nicht nur einiger Korrekturen und Reformen, damit, wie viele insgeheim hoffen, alles wieder in Ordnung kommt und „wie früher“ wird. Es braucht eine

Grundsatzdiskussion über ein anderes Gesellschaftsmodell.

6. Überleben oder Fortschritt

Es reicht nicht mehr aus, immer nur den *Terror der Ökonomie* zu beklagen und sein Eindringen in immer weitere Lebensbereiche, seine Korruption von immer mehr sozialen Feldern aufzuzeigen: die kollektiven Arbeitsverhältnisse, die Bildung, die Politik, die sozialen Beziehungen, die Familie, die Medien und das kulturelle Leben. Das sind letztlich nostalgische Affekte, die ein ehemals vermeintlich ehrenwertes und harmonisches Leben am Arbeitsplatz, in der Familie, in den Schulen und Hochschulen, in den Parlamenten und Medienanstalten heraufbeschwören. Die Tatsache, dass wir uns bisher meist mit solchen passiven und konservativen Diskursen begnügen („Früher war vieles besser"), zeigt, dass der Gegner bis heute gesiegt hat. Dass sich die Kritik an der Gegenwart vorrangig auf eine bessere Vergangenheit bezieht, zeigt das Ausmaß der intellektuellen Schwäche der Linken. „Alles Stehende und Ständische verdampft ...", wie schon Marx sagte. Die neoliberale Hegemonie zerstört alle Sicherheiten und Stabilitäten in einem Wirbel permanenter Veränderung und Modernisierung – und suggeriert dem Volk zweierlei: zum einen, dass in der neuen Ordnung nur die Stärksten gewinnen; zum anderen, dass wir unsere besten Zeiten bereits hinter uns haben. Der Gegner – und er sitzt mittlerweile tief in unseren Köpfen – redet uns ein, dass die Zukunft ein Schicksal ist, ein Verhängnis, eine unbeherrschbare Entwicklung, an die wir uns evolutionär anpassen müssen. Er suggeriert uns, dass die Idee des Fortschritts im Sinne einer bewussten Gestaltung der Zukunft passé ist. Es wird uns bedeutet, dass es schon viel ist, wenn es den herrschenden Eliten, die an unserer Stelle die Gesellschaft verantworten, gelingt, den Zusammenbruch der finanziellen, wirtschaftlichen, fiskalischen und sozialen Systeme zu verhindern. Bestanderhaltung ist das höchste der Gefühle, das Maximum „demokratischer" Regierungskunst oder „Governance", wie man heute sagt. Deswegen auch der Übergang ins wesentlich postdemokratische Regime der Aushandlung: von sogenannten Reformen durch die Experten in der Politik, in der Justiz, in der Bildung, in der Wissenschaft und in der Wirtschaft.

7. Restauration und Sozialdarwinismus

Insgeheim spekulieren ohnehin viele auf den Zusammenbruch des Systems. Schon vor längerer Zeit hatte Hans Magnus Enzensberger nicht ohne eine klammheimliche Freude seine „Aussichten auf den Bürgerkrieg" vorgestellt. Er kann als stellvertretend für eine Bildungsschicht, eine Gesellschaftsklasse und eine Generation gelten. Während die mittleren und jüngeren Generationen vollauf damit beschäftigt sind, überhaupt einen Platz in diesem System zu erlangen, um es erst einmal so weit zu bringen wie ihre Eltern, durchschauen diese, von der sicheren Position ihrer Arriviertheit (und der absehbaren Garantie zumindest noch *ihrer* Renten) aus, das bestehende System als marode und empfinden zuweilen eine gewisse Freude beim Gedanken, dass mit ihnen die Welt, wie wir sie kennen, insgesamt untergehen wird. Die Jüngeren sind mit dem Existenzkampf beschäftigt und werden durch diesen geformt; die Älteren können sich bereits einen gewissen Abstand leisten und goutieren die gesellschafts- und kulturkritischen Botschaften der seriöseren Medien und Bücher. Ohne eine Aufnahme des hierin verpuppten Generationenkampfes um die gerechte Verteilung von

Gütern und Lebenschancen wird es keinen kulturellen und keinen politischen Fortschritt geben – keinen Ausgang aus der allgemeinen Stagnation der Ideen und Gewohnheiten.

Die Formung der jüngeren Generationen durch die wachsende Unsicherheit, durch den härter werdenden Kampf ums Dasein steht der relativen Sicherheit der älteren gegenüber. Zwar kommen jetzt immer mehr Jüngere in Machtpositionen, aber sie kommen dorthin durch die Patronage und unter den Bedingungen der Älteren. Diese Konstellation ist Gift für unsere Sprach- und Ideenverhältnisse. Denn sie bewirkt, dass wir nicht von derselben Sache sprechen, wenn wir über unser Gemeinwesen, über unsere Zukunft sprechen. Der herrschende Sozialdarwinismus erzeugt einen Rüstungswettlauf um die Leistungsbereitschaft der Jüngeren. Was einer lange vergangenen restaurativen Nachkriegsepoche anzugehören scheint und in unserem manifesten Hedonismus längst überwunden scheint, wird wieder für mehr und mehr Menschen, Männern wie Frauen, zur Realität: der Verzicht, das Opfer der eigenen Lebensqualität im Namen der eigenen bürgerlichen Existenzsicherung. Die losgelassene Produktivität des Produktionsstandorts Deutschland ist der Effekt einer Nation von entfesselten Arbeitskraftunternehmern. Die saturierten älteren Bürger nehmen dann mit genießerischem Entsetzen die Nachrichten über Burn-out, deutsche Leistungsbilanzüberschüsse und die soziale Polarisierung von Arbeitsmarkt und Gesellschaft zur Kenntnis. Die Betroffenheitsrituale der bürgerlichen Presse, wenn wieder ein neuer Armuts-, Bildungs- oder Reichtumsbericht erscheint, sind die Begleitmusik einer neuen Kulturuntergangsstimmung.

8. Neoliberalismus

Nur wenn wir verstehen, dass der Neoliberalismus eben auch eine konkrete kulturelle Hegemonie ist, ein *Denken*, und dass er auf unserem stillschweigenden Einverständnis beruht, können wir mit ihm brechen. Der Terror der Ökonomie, der Primat der Wirtschaft und des Geldes in allen sozialen Feldern: das ist eben nicht nur das Vordringen einer Macht und einer Zwangsgewalt, die über uns hereinbricht. Er ist auch eine kulturelle Idee, eine bestimmte Vorstellung über den Wert der Dinge und der Menschen. Es ist deswegen von Bedeutung, die gegenwärtige Lage klar zu benennen. Nur wenn wir uns das unermessliche Scheitern im politischen Denken und Handeln der letzten zehn, zwanzig Jahre eingestehen, wird ein neuer Anfang überhaupt möglich. Wir müssen die neoliberale Gesellschafts- und Herrschaftsordnung besser verstehen, um ihr etwas entgegensetzen zu können. Wir müssen über rein populistische und moralistische Schmähungen des Neoliberalismus, der Macht und Gier der Banken, der Kurzsichtigkeit, der Korruption und der Ohnmacht der Politik hinausgelangen. Es handelt sich bei dem gegenwärtigen System ja um ein umfassendes Regime, eine Einheit von wirtschaftlichen, politischen, sozialen und kulturellen Strukturen. Die Gesellschaftsform, in der wir leben, herrscht ja nicht einfach durch nackten Zwang und Gewalt. Selbst wenn unübersehbar ist, dass immer mehr wichtige Entscheidungen auf demokratisch eher schwach legitimierte Weise getroffen werden sowie immer mehr Zustimmungen zum Bestehenden erpresst werden. Die Gesellschaftsform wird auch von unserer Zustimmung getragen, wie passiv auch immer sie sein mag. Vielleicht ist ja heute die Schrumpfstufe der Legitimität eines Gesellschaftssystems erreicht: die resignative Stufe der Akzeptanz

aus Gründen des Glaubens an seine „Alternativlosigkeit".
Aber zum einen ist auch dies noch ein Glaube, der erzeugt und stabilisiert werden muss. Zum anderen unterschätzen wir wahrscheinlich den realen inneren Glauben an das System, welcher eben nicht bewusst, sondern unbewusst ist. Das entspricht Slavoj Žižeks psychoanalytisch begründeter These in seinem Buch *„Die bösen Geister des himmlischen Bereichs. Der linke Kampf um das 21. Jahrhundert"*.[3] Laut Žižek glauben wir nicht an unseren geheimen Glauben an die bestehende Gesellschaftsordnung. Tief in ihrem Inneren sind die meisten überzeugt, dass wir in der besten aller möglichen Welten leben. Wir *wissen* zwar, dass es „so nicht weitergehen" kann; aber tief drinnen *glauben* wir, dass es immer so weitergeht und immer besser wird. Der plumpe Fortschrittsglaube ist in Wahrheit ungebrochen. Er ist noch immer die Grundlage unseres Gesellschaftssystems, die magische Konsens-, Kompromiss- und Zielformel der gesellschaftlichen Entwicklung. Um eine fortschrittliche Alternative zum gegenwärtigen Entwicklungsmodell

3 Slavoj Žižek: *Die bösen Geister des himmlischen Bereichs. Der linke Kampf um das 21. Jahrhundert*, Frankfurt am Main 2011

überhaupt denken zu können, müssen wir uns zuallererst von diesem Fortschrittsglauben lösen. Dazu reicht ein bisschen Wachstumskritik und ein bisschen Reden von „qualitativem Wachstum“ nicht aus.

9. Die herrschende Ideologie

Der Neoliberalismus wurde hegemonial in dem Moment, als die sozialdemokratischen und linken Parteien vor der Aufgabe versagten, auf das Ende der fordistischen Vollbeschäftigungsgesellschaft, den Beginn der Umweltkrise und die zunehmende Emanzipation der Frauen mit einem kohärenten und sozial fortschrittlichen Programm zu antworten: Der Rechtsruck der sozialdemokratischen Parteien der großen westlichen Länder ist zunächst der Ausdruck einer Niederlage *im Denken*. Was wie ein bloß taktisches Manöver zur Sicherung kurzfristiger Wahlchancen aussieht, hat in Wirklichkeit zur dauerhaften Schwächung der Sozialdemokratie als einer fortschrittlichen politischen Kraft geführt. Seitdem ist die linke Intelligenz heimatlos geworden. Sie ist zersplittert und neutralisiert sich in unzähligen Lagern, Denkschulen und Gruppen ohne gemeinsame

Fragestellung. Seitdem gibt es keine relevanten Differenzen der großen politischen Parteien mehr in der Wirtschafts- und Sozialpolitik. Seitdem befindet sich auch die Politik auf dem Wege der Entdemokratisierung: auf dem Weg in ein technokratisches Regime, das sich immer mehr von den fortschrittlichen intellektuellen Debatten in der Zivilgesellschaft abkoppelt.

Nach und nach entstanden so die großen Theoreme oder Ideologeme der Postmoderne: das Ende der großen Erzählungen, das Ende des Unterschieds von links und rechts, progressiv und konservativ, das Ende der Geschichte, der Philosophie, der Demokratie usw. Was hier in den kulturellen Vorstellungen immer mehr „beendet" wurde, das war die für alles fortschrittliche Denken unabdingbare Annahme, dass der Kampf um Begriffe, um die Deutung und Definition von Problemen – dass der Kampf um die Ideen der zentrale Schauplatz des Kampfes um die Macht ist. Es ist immer die kulturelle Hegemonie, welche in letzter Instanz die Legitimationsverhältnisse und die konkreten politischen Projekte in einer Gesellschaft bestimmt. Auf dieser Ebene hat unsere Niederlage stattgefunden. So ist zum Beispiel der viel beschworene Primat der Wirtschaft zuletzt eben auch ein *kultureller* Primat: der Glaube an die Legitimität der Unterwerfung sozialer, politischer und kultureller Belange unter die Belange der Ökonomie. Warum wundern sich die Zeitgenossen heute über die Unverschämtheit, mit der die in der Wirtschaft Herrschenden mittlerweile von dieser Lizenz Gebrauch machen? Sie verwenden ja nur diejenige Macht, die ihnen zuvor politisch und kulturell konzediert wurde. Wenn wirtschaftliches Wachstum und Unternehmensgewinne das wichtigste politische Ziel sind (weil man sich davon im Rahmen einer extrem kruden Wirtschaftsphilosophie mehr „Arbeitsplätze" verspricht), dann werden diesem Ziel (dieser ganz spezifischen neuen *Gemeinwohlformel*) eben alle anderen konkurrierenden Ziele untergeordnet: soziale Gleichheit von Einkommen und Chancen, Partizipation der unteren Schichten der Gesellschaft, Geschlechtergleichheit, ökologische Nachhaltigkeit, Lebensqualität usw.

Die Kommentatoren in den Print- und TV-Medien tun immerfort so, als ob dies *nicht* zwangsläufig wäre – als ob diese Folgen nicht das absehbare Resultat einer ganz bestimmten Politik wären. Die gesamtgesellschaftliche Festlegung des Exportweltmeisters und europäischen Wachstumsmotors Deutschland auf „Mehr Wachstum und Beschäftigung" ist eben eine ganz bestimmte politische Wahl. Und sie ist durchaus demokratisch legitimiert und auch durchaus von der sogenannten arbeitenden Bevölkerung tief verinnerlicht. Wir *wissen* zwar, dass durch dieses Regime die allgemeine Lebensqualität und das soziale sowie das ökologische Gleichgewicht zerstört werden, sowie dass dadurch auf Dauer ein gefährliches internationales Ungleichgewicht wegen der deutschen Exportüberschüsse entsteht. Aber wir *glauben* es ganz offensichtlich noch nicht. Die immer neuen Berichte und Studien über wachsende Einkommens- und Bildungsungleichheit, über Dequalifikation und materielle wie kulturelle Verarmung der Unterschichten, über steigende Arbeitsbelastungen und Stress der Mittelschichten, über die zunehmende finanzielle, politische und kulturelle Abschottung der Eliten vom Rest der Gesellschaft, über immer gefährlichere deutsche Handelsbilanzüberschüsse und immer schlechtere Klimabilanzen: all dies nimmt das staunende und skandalisierte Publikum immer wieder auf eine Weise zur Kenntnis, als ob man all dies nicht schon längst wüsste.

Genau an dieser Stelle ist die herrschende Ideologie wirksam. Die Ideologie entfaltet ihre ganze Kraft dadurch, dass sie das kritische Wissen und Bewusstsein unwirksam macht; dadurch, dass sie verhindert, dass aus ihnen ein wirkliches Denken wird, eine Kraft, aus der relevante Impulse für die politische Willensbildung kommen könnten. Die Macht der herrschenden Ideologie erweist sich darin, dass die gegenwärtige Ordnung *nicht* als ein kohärentes politökonomisches Gesamtsystem erkannt wird. Stattdessen zerfällt die soziale Welt und der politisch-intellektuelle Blick auf sie in Einzelphänomene, in bedauerliche Folgeerscheinungen von Ursachen, die immer „anderswo" liegen. Ideologie ist ja nicht einfach nur ein Betrug. Sie ist eher eine gut organisierte Beihilfe zur Selbsttäuschung der Menschen; den Zusammenhang der Phänomene nicht zu sehen; die eigene Beteiligung, die eigene geheime Zustimmung zu den Verhältnissen zu leugnen und dies dann auf Formeln wie die von der Alternativlosigkeit der Verhältnisse zu bringen: Das ist die ideologische Grundkonstruktion der Gegenwart. Offensichtlich sind die meisten subjektiv eben doch noch immer ganz zufrieden mit der Gesellschaft. Zumindest haben sie ihre Wünsche im Sinne einer „adaptiven Präfe-

renz“ dem objektiv Möglichen weit genug angepasst.
Ohne eine grundlegende Artikulation von Unzufriedenheit und ohne eine Entfaltung der genauen Gründe einer solchen Unzufriedenheit sind Alternativen nicht einmal zu denken. Ohne den *Wunsch, anders zu leben*, kann eine linke Alternative unmöglich entstehen. Die Gesellschaftskritik läuft vollkommen leer, wenn sie nicht an irgendwelche Visionen möglicher anderer Gesellschaften und Lebensformen geknüpft ist. Sie läuft leer, wenn sie nicht an kulturelle Maschinen der politischen wie persönlichen Wunschproduktion angeschlossen ist. Die Linke muss sich entscheiden, ob sie nur will, dass das System ein bisschen besser funktioniert als gegenwärtig, oder ob sie substanzielle Veränderungen der Gesellschaft anstrebt. Es ist letztlich völlig sinnlos, die Übel der gegenwärtigen Wirtschaftsordnung anzuprangern, ohne die Vorstellung von einer qualitativ veränderten Ordnung. Das Leiden, der Mangel und das Elend müssen wirklich artikuliert werden. Sie müssen mit der politischen These eines möglichen Glücks, eines ganz anderen, anders verteilten und anders genutzten Wohlstands konfrontiert werden. Andernfalls werden aus den Leid- und Unrechtserfahrungen

nur populistische Ressentiments, die von allen möglichen ideologischen, politischen und ökonomischen Betrügern ausgenutzt werden.

10. Das Gegenwärtige ist falsch

Wenn wir mit diesem Regime brechen wollen, dann ist dies nur im Rahmen und im Namen einer neuen Hegemonie möglich – im Namen eines neuen Konsenses über das gesellschaftliche Zusammenleben und die Formen der demokratischen Gestaltung der Verhältnisse. Dann reicht es nicht aus, zu sagen, die gegenwärtigen Verhältnisse seien krisenhaft. Dann muss man sagen: Die gegenwärtigen Strukturen sind in ihrer bestehenden Form in großen Teilen *falsch*. Das gilt für den der demokratischen Kontrolle längst entwachsenen Parteien-, Justiz- und Verwaltungsstaat auf nationaler wie inter- und supranationaler Ebene. Das gilt für die sogenannte Macht der Banken und der Konzerne. Das gilt für die prekären postfordistischen Arbeitsverhältnisse. Das gilt für die zunehmenden Arbeitsbelastungen und „Doppelbelastungen" in zeitgenössischen Familien im Kontext der angestrebten Gleichberechtigung von Männern und Frauen. Das gilt für die

kämpfen. Die Bewahrung des Bestehenden, die Bewahrung wenigstens minimaler Regeln des Anstands scheint angesichts der allgegenwärtigen wirtschaftlichen Bedrohung und der allgemeinen Verrohung der Sitten schon fast utopisch. Die Wiederherstellung der „Normalität“ ist die große Sehnsucht unserer Zeit. Das betrifft nicht nur die Politiker und Wirtschaftsführer, sondern auch die Journalisten und Intellektuellen. Welche Ideen aber kämen heute infrage, um dem emanzipatorischen Wunsch nach einer besseren Gesellschaft, nach einem besseren Leben Gestalt zu geben? Welche Forderungen könnten erhoben, welche neuen Rechte eingefordert werden? Welche Idee von Fortschritt könnte das progressive, linke Lager einen?

Denn der bisherige Fortschrittsbegriff ist obsolet. Er war an einer ganz einfachen Vorstellung des Fortschreitens der ökonomischen und technischen Produktivkräfte orientiert – an einer bestürzend banalen und illusorischen Vorstellung des Wachstums und der unendlichen Steigerung menschlicher Fähigkeiten und Fertigkeiten. Der überlieferte Fortschrittsbegriff dominiert aber immer noch die Vorstellungswelt der politischen und wirtschaftlichen Führer unserer Gesellschaften. Schon Walter Benjamin hatte angesichts der Durchsetzung des Faschismus in der 11. seiner geschichtsphilosophischen Thesen der Sozialdemokratie ihren diesbezüglichen Konformismus vorgeworfen. Dieser Konformismus haftet, so Benjamin, „nicht nur an ihrer politischen Taktik, sondern auch an ihren ökonomischen Vorstellungen. [...] Es gibt nichts, was die deutsche Arbeiterschaft in dem Grade korrumpiert hat wie die Meinung, *sie* schwimme mit dem Strom.“[4] Eine ganz plumpe Glorifizierung der Arbeit steht im Zentrum dieses plumpen Fortschrittsglaubens. Die technische Entwicklung galt, so Benjamin, der deutschen Arbeiterschaft und ihren Führern „als das Gefälle des Stromes, mit dem sie zu schwimmen meinte. Von da an war es nur ein Schritt zu der Illusion, die Fabrikarbeit, die im Zuge des technischen Fortschritts gelegen sei, stelle eine politische Leistung dar.“[5] Es ist diese Illusion, die auf der manifesten Ebene heute, im Zeitalter fortgeschrittener Arbeitsrationalisierung, zwar erschüttert ist, auf der latenten Ebene aber weiterwirkt. Der „vulgärmarxis-

4 Walter Benjamin, Über den Begriff der Geschichte, in: *Gesammelte Schriften I.2*, hrsg. von R. Tiedemann und H. Schweppenhäuser, Frankfurt am Main 1991, S. 698

5 Ebenda, S. 698 f.

tische“ Begriff von Arbeit will eben, wie Benjamin sagt, „nur die Fortschritte der Naturbeherrschung, nicht die Rückschritte der Gesellschaft wahr haben“.[6]

Um Fortschritte oder Rückschritte der Gesellschaft bewerten zu können, brauchen wir aber ein Kriterium, das über die Anzahl von Arbeitsplätzen, Wachstumsraten und das Bruttoinlandsprodukt hinausreicht. Mit anderen Worten: Wir müssen uns heute vom überlieferten Fortschritts*glauben* befreien, gleichzeitig aber an einer starken Fortschrittsidee festhalten und diese neu begründen. Wir brauchen dafür einen Begriff davon, *was* eigentlich fortschreiten soll. Wenn wir heute also über einen neuen, wirklich zeitgemäßen Fortschrittsbegriff nachdenken möchten, dann geht es dabei also um ein ganz anderes gesellschaftliches Entwicklungsmodell – ein Modell jenseits des bloßen Fortschreitens der Produktivkräfte. Dafür brauchen wir einen Begriff, eine letztlich nicht nur politische, sondern auch philosophische Idee des guten Lebens.

---

6 Ebenda, S. 699

14. Kriterien für Wohlstand

Wir können also zunächst folgende Definition aufstellen: Ein wirklicher Fortschritt kann sich erst dann ereignen, wenn wir mit dem bisherigen Fortschrittsglauben brechen. Der Fortschritt der Produktivkräfte ist eine notwendige, aber keine hinreichende Bedingung für ein Fortschreiten der Gesellschaft. Die unverschämte Ungleichverteilung des Reichtums und die offensichtliche Umweltkrise deuten das nur an. Um über die Artikulation eines bloßen Unbehagens an dieser Situation hinauszugelangen, brauchen wir eine explizit politische und kulturelle Idee von einer sinnvollen gesellschaftlichen Entwicklung. Wachstum, das bloße Innehaben von „Arbeitsplätzen“, die Einzahlung in Sozialkassen und der Massenkonsum, der den „arbeitsplatzsichernden“ Produktionsapparat aufrechterhält, müssen also als die bisher herrschenden Leitvorstellungen abgelöst werden. Was aber soll an die Stelle treten? Vor der Beantwortung dieser Frage haben die herrschenden Eliten eine panische Angst. Was sollte man sonst tun, glauben oder wünschen als immer nur arbeiten, konsumieren und den materiellen Wohlstand fördern? Wozu sonst sollte man die heranwachsenden

Generationen erziehen? Selbst die derzeit populäre Idee der Gleichberechtigung der Frauen wird ja bisher durch das Nadelöhr der Steigerung von weiblicher Erwerbsbeteiligung und Konsum geführt.

Ein gehaltvoller Begriff des Fortschritts steht und fällt mit einem nicht mehr nur materiellen, sondern auch immateriellen Begriff des Wohlstands. Die Bewertungskriterien, die hier infrage kommen, haben alle gegenüber rein ökonomischen Indikatoren den Nachteil, schlechter messbar zu sein. Doch sie sind gleichwohl reale soziale Phänomene. Lebensqualität, Zeitwohlstand, gute Bildung, gute Arbeit, soziale Chancengleichheit, Geschlechtergleichheit, Gesundheit, soziale Sicherheit, demokratische Beteiligung, Solidarität, soziale Anerkennung, die Entwicklung von Fähigkeiten, ökologische Nachhaltigkeit: Das sind alles sehr genau bestimmbare und bewertbare Phänomene. Es sind soziale Güter, die auf eine ganz bestimmte Weise verteilt sind und deren schlechte Verteilung, deren Fehlen bei den Individuen ganz konkret spürbares Leiden erzeugt. Die schlechte Verwirklichung bzw. eklatante Ungleichverteilung dieser und anderer sozialer Güter ist auf eine bestimmte politische Grundsatzentscheidung zurückzuführen: auf das weiterhin unangetastete Programm von „Wachstum und Beschäftigung" im Rahmen des überlieferten Fortschrittsglaubens. Eine andere, sozial gerechtere Verteilung sozialer Güter und Chancen und ein anderer Begriff von Lebensqualität stehen im Zentrum eines neuen Begriffs von Fortschritt. Mit ihm steht und fällt die Zukunft einer emanzipatorischen Linken.

Wenn wir es ernst meinen mit der Verabschiedung des bisherigen Modells von Fortschritt und sozialer Wohlfahrt im Sinne eines einseitigen Programms von „Wachstum und Beschäftigung", dann geht es um die Formulierung eines neuen Entwicklungsmodells. Dann brauchen wir eine genauere Vorstellung sowohl über ein *gesellschaftliches Entwicklungsmodell* als auch über ein Modell der *individuellen Entwicklung* in der Gesellschaft. Beide stehen und fallen miteinander. Die bloße materielle Subsistenz (die Abwesenheit von Armut, das Innehaben von „Jobs", das bloße „Beschäftigtsein") reicht nicht aus für eine menschenwürdige Existenz. Es bedarf einer qualitativen Vorstellung über die Entfaltung von Fähigkeiten und Tätigkeiten der Einzelnen: einer menschlichen Entwicklungsperspektive – und zwar für alle Mitglieder der Gesellschaft. Ein substanziell neuer Fortschrittsbegriff steht und fällt insofern mit einem radikal egalitären Gesellschaftsprogramm der allseitigen Entwicklung des Individuums.

15. Konkrete Utopien

Wir benötigen daher konkrete Utopien, um uns für eine bessere Gesellschaft einsetzen zu können. Ein mögliches Leitbild für einen neuen Fortschrittsbegriff stammt von André Gorz: „Weniger arbeiten, damit alle arbeiten, und besser leben."[7] Diese Formel hat den Vorzug der Einfachheit. Sie definiert die soziale Frage und die kulturelle Frage; die Frage nach einem besseren Leben für alle, zunächst als eine Frage der gesellschaftlichen Verteilung von Arbeit – von bezahlter und unbezahlter, männlicher und weiblicher, qualifizierter und unqualifizierter. Damit ist ein prinzipieller Bruch mit der Wachstumsideologie verbunden: mit der ganzen Ideologie der unendlichen Steigerung als vermeintlich einziger Strategie zur Lösung gesellschaftlicher Verteilungskonflikte. Das öko-

7 André Gorz, *Auswege aus dem Kapitalismus. Beiträge zur politischen Ökologie*, Zürich 2009, S. 104

soziale Reformprogramm der Zukunft wird sich um das Leitbild einer sozial gerechten und ökologisch nachhaltigen Verteilung von Arbeit, Einkommen und sozialer Anerkennung zwischen den Klassen, Geschlechtern, Generationen und Völkern herum bilden. Im Kontext der Forderung der *décroissance* wird ein solches Leitbild bedeuten, dass sehr viele Menschen (insbesondere in den entwickelten Ländern der Erde) sehr vieles an andere abgeben müssen. Das erfordert eine solidarische Umverteilung innerhalb und zwischen den Ländern des Planeten und damit einen vollständigen Bruch mit der bisherigen Logik der Globalisierung.

Was genau wird hier aber neu verteilt? Wenn wir über ein wirklich fortschrittliches Programm sprechen wollen (und nicht nur über ein ökologisches Notprogramm oder über finanzpolitische Sanierungsprogramme von Regierungen), dann geht es um eine *neue, und zwar radikal egalitäre Verteilung sozialer Beteiligungsrechte*: des Zugangs zu Chancen für bezahlte Erwerbsarbeit und unbezahlte Fürsorgearbeit; zum Erwerb von Fähigkeiten und Bildungskompetenzen; zum Konsum von Verbrauchsgütern und Natur. Eine solche neue

Verteilung von Fähigkeiten und Tätigkeiten ist nur vorstellbar, geschweige denn durchsetzbar, wenn sie eine attraktive Vision für das zukünftige Leben beinhaltet. Sie muss mit anderen Worten auf dieser Ebene der menschlichen Wünsche und Lebensformen mit der gegenwärtigen kulturellen Hegemonie von Wachstum, Beschäftigung, Steigerung und Massenkonsum konkurrieren können: Das ist die wirkliche Herausforderung für eine zukünftige Linke. Die radikale ökosoziale Reform, wie sie von Autoren wie André Gorz entworfen wurde, darf eben nicht als „Zurück" zu traditionellen „harmonischen" Beziehungen mit der Natur verstanden werden. Sie stellt eine genuine politische Erfindung dar: ein neues Gesellschaftsprojekt.

„Damit macht die politische Ökologie die ökologisch *notwendigen* Veränderungen in unserer Art, zu produzieren und zu konsumieren, zu den Hebeln normativ *wünschenswerter* Veränderungen unserer Lebensweise und unserer sozialen Beziehungen."[8]

8 Ebenda, S. 50

Die Linke muss in Zukunft also vor allem auf der Ebene der politischen und kulturellen Ideen eine wirkliche Alternative zu demjenigen bieten, was immer noch als die „normale" Realität und die normale Wunschproduktion der Mehrheit gilt: Fantasien des Wachstums und des Aufstiegs, die auf Erwerbsbeteiligung, Einkommenssteigerungen und Konsumchancen zentriert sind. Das Axiom, die ökologisch notwendigen zu Hebeln der normativ wünschenswerten Veränderungen unserer Lebensweise zu machen, verdeutlicht auch den Unterschied zu einem konservativen Begriff der Ökologie. Implizit paternalistisch und technokratisch, operiert er mit einer Pädagogik der Katastrophe. Letztlich ist er um eine repressive Idee des Verzichts herum organisiert. Die politische Ökologie der Linken hingegen muss immer strikt auf eine emanzipatorisch-hedonistische Idee des besseren Lebens bezogen sein. Hier entscheidet sich der Kampf. Er entscheidet sich bei der Frage, ob es gelingt, eine hegemoniefähige Idee eines besseren Lebens, eines anderen Alltagslebens jenseits von Arbeit und Konsum zu formulieren. Die ebenso sehr politische wie intellektuelle Herausforderung ist insofern eindeutig: Es geht um eine *kulturelle Revolution der herrschenden Lebensweise, der konkre-*

ten Alltagspraxis. Auf der kulturellen Ebene der Leitbilder und Ideen von einem „normalen“ Leben werden die zentralen Fragen der Politik entschieden.

16. Ideenproduktion und „Alltag“

Eine fortschrittliche Linke wird auf dieser Ebene der kulturellen Hegemonie agieren müssen. Der Kulturkampf mit den herrschenden Wertvorstellungen muss überhaupt erst einmal aufgenommen werden. Dafür gibt es bisher weder im offiziellen politischen noch im organisierten wissenschaftlichen und medialen Bereich ermutigende Anzeichen. Eine relevante Debatte findet nur in den extrem marginalisierten Bereichen linker Theoriebildung statt. Im offiziellen System der bürgerlichen Öffentlichkeit gibt es allenfalls da und dort ein paar Sonntagsreden ohne Bezug zu einem allgemeinen politisch-theoretischen Bezugsrahmen und ohne Bezug zum Alltag der Menschen. Hier aber, im alltäglichen Leben der Menschen, in den Lebensformen des Alltags, ist der wirkliche Schauplatz der Politik. Hier müssen sich die Ideen über andere gesellschaftliche Verhältnisse bewähren. Dass die meisten sich bisher zufriedengeben mit irgendeinem „Arbeitsplatz" und mit mehr oder weniger großen Konsumchancen, zeigt an, wie es um das Selbstbewusstsein der Menschen, um ihre praktische Fantasie bisher bestellt ist.

Neue Ideen fallen nicht vom Himmel. Sie müssen gehegt und gepflegt, vorbereitet und diskutiert werden. Das intellektuelle Leben unserer Gesellschaft ist darauf nicht eingestellt. Es ist nicht darauf eingestellt, dass die wichtigen Entwicklungsimpulse für die Gesellschaft aus der Kultur kommen könnten. Der großzügigen Förderung wissenschaftlich-technischer Erfindungen steht eine jämmerliche Situation im Bereich des geistigen Lebens gegenüber. Was Adorno „verwaltete Kultur" nannte, bestimmt weitgehend die Realität in den Universitäten, den Rundfunk- und Fernsehanstalten, den Zeitungen und Zeitschriften. Keine Experimente, alle gehen auf Nummer sicher. Es gilt das Gesetz der Prominenz und des Namedroppings. So sehen, hören und lesen wir immer wieder dieselben Leute, die immer wieder dieselben Dinge sagen.

Es gibt im Kulturleben eine ähnliche Blockierung wie um 1968, als die Studentenbewegung den „Muff unter den Talaren“ angriff. Heute gibt sich der Muff smart und modern, sexy und trendig, geschmeidig im Einwerben von Drittmitteln und in der Erzielung von Einschaltquoten. Es ist unübersehbar: Die Erneuerung muss hier zuallererst auch eine *personelle* sein. Die herrschenden Kultureliten sind wie die wirtschaftlichen und politischen Eliten ausgeblutet. Ihre zeitgemäße Form der Hyperdynamik verbirgt einen lähmenden Stillstand. Was außerhalb des Mainstreams liegt, auf den sich Liberalkonservative und Sozialdemokraten geeinigt haben, wird nicht gedruckt, gesendet und berufen. Eine veritable Zensur beherrscht unser geistiges Leben. „Join up or shut up!“, so heißt das Gesetz unseres bisherigen kulturellen Lebens. Das Establishment riegelt den Markt der Ideen ab; das ist bei knappen Kassen und allgegenwärtigen Mittelkürzungen kein Problem.

17. Die Erneuerung des Denkens

Aus dieser Situation können wir zunächst nur durch radikale Negationen ausbrechen; durch einen wirklichen, ebenso sehr politischen wie kulturellen Aufstand gegen alle herrschenden Eliten. Der *Geist* der Gegenwart muss bekämpft und überwunden werden – die ganzen eingeübten Modalitäten, die Autoritätsverhältnisse und Sprachregelungen im politischen wie im Kulturbetrieb. Die Universitäten müssen bestreikt werden, die Kunstinstitutionen, die Zeitschriften und Zeitungen. Es muss aufhören; es muss anders werden. Um es mit Benjamin zu sagen: „Dass es ‚so weiter' geht, *ist* die Katastrophe".[9] Eine ganz andere Klarheit, ein ganz anderer Ernst muss in unser Denken, in unsere politische Meinungsbildung, in unsere intellektuellen Debatten einziehen. Alle Gedanken und Wortmeldungen, denen man, um es mit Adorno zu sagen, den Mangel an immanenter Nötigung ansieht, müssen wir ächten – und ignorieren, wo uns zur Ächtung noch die Macht fehlt. Die unübersehbare Unterwerfung der Intellektuellen unter die Modalitäten und den Geschmack der herrschenden Auftraggeber ist das Zeichen einer grandiosen intellektuellen Schwäche. Ihr kann nur im Namen der kulturellen Souveränität der Intellektuellen widersprochen werden: im Namen einer kommenden Gemeinschaft freier Wesen. Dem naheliegenden Einwand auf diese These können

9 Walter Benjamin, Zentralpark, in: *Gesammelte Schriften I.2*, a.a.O., S. 683

wir nur durch die Emphase unseres Denkens begegnen: durch die Anrufung einer geistigen Macht, die eben durch Behauptung, durch eine performative Beschwörung wirksam wird und buchstäblich durch nichts (vor allem nicht durch staatlich zugeteilte und autorisierte Ämter) garantiert wird.

Mit der intellektuellen Souveränität denkender Wesen ist es wie mit der Volkssouveränität: Es gibt sie oder es gibt sie nicht. Es ist eine konkrete Machtfrage, ob sie sich gegen den staatlichen Verwaltungsbetrieb durchsetzen können. Wenn radikaldemokratische Politik Gesellschaftsgestaltung von unten im Namen der Emanzipation ist, dann gilt für das geistige Leben dasselbe. Es leistet die kulturelle Grundlagenarbeit: die Destabilisierung der herrschenden Meinungen, die Veränderung der Maßstäbe für die Beurteilung und die Einrichtung der Wirklichkeit.

18. Anders leben und weniger arbeiten

Wenn im Mittelpunkt der Konstruktion eines neuen demokratischen Wir der Wunsch nach einem anderen Leben stehen soll, dann muss ein zukünftiges Fortschrittsprojekt auch an den konkreten Lebensformen ansetzen. Wir müssen zuerst bestimmen, worunter die heute lebenden Menschen am meisten leiden. Die wichtigsten Probleme in unseren reichen westlichen Ländern scheinen zu sein: soziale Unsicherheit und Zukunftsangst; Arbeitsüberlastung, Konkurrenzdruck, Überforderung und Mehrfachbelastungen im Alltag; steigende soziale Ungleichheit und Entdemokratisierung; Arbeitslosigkeit, Armut, Unterforderung, mangelnde soziale Anerkennung, soziale Ausbeutung, Ungerechtigkeit und Ausschluss; die Vereinseitigung des Lebens auf für Erwerbsarbeit verwertbare Fähigkeiten und Tätigkeiten; Bildungsarmut und kulturelle Armut (nicht nur, aber insbesondere in den Unterschichten); das Gefühl von Sinnlosigkeit und der drohende Verlust von Lebensqualität; eine allgemeine Zeitarmut; die politische, wirtschaftliche und kulturelle Geringschätzung freiwilliger unbezahlter Arbeit in Familien und Freundschaftsverbänden; die bleibende Ungleichheit der Geschlechter; die fortschreitende Umweltzerstörung. All diese Phänomene sind letztlich Folgen einer politischen Option: der gesellschaftlichen Grundsatzentscheidung für „Wachstum und Beschäftigung", das heißt für eine Ordnung, in der die Steigerung des Wirtschaftswachstums und der allgemeinen Erwerbsbeteiligung oberste Priorität hat.

Die Option für eine andere Ordnung hat nur als klare Option für ein radikaldemokratisches, ökologisches, soziales und feministisches Reformprojekt einen Sinn. Nur wenn insgesamt die gesamtgesellschaftliche Produktions- und Arbeitsmenge reduziert wird, besteht die Möglichkeit für eine Verbesserung ökologischer Nachhaltigkeit, Geschlechtergerechtigkeit und sozialer Gerechtigkeit auf nationaler und globaler Ebene. Im Mittelpunkt eines fortschrittlichen Reformprogramms stehen die Reduktion und die soziale Umverteilung der gesellschaftlichen Arbeitsmengen, Arbeitsentgelte, Arbeitszeiten und Arbeitsarten. Das bedeutet, es geht auch um ein ganz anderes gesellschaftliches *Zeitregime*. Es geht um die Erfindung, um die soziale Konstruktion und Absicherung anderer *Lebensverläufe* als der bisher als „normal" geltenden männlichen Lebensläufe lebenslanger Erwerbsarbeit in „Vollzeit". Die prinzipielle Ausrichtung von Biografien an dieser immer noch unterstellten Normalität westlicher und männlicher Lebensmuster gilt es, in einer fortschrittlichen Perspektive aufzuheben. Nicht nur diskriminiert sie immer mehr (vor allem sozial schwächere und weibliche) Menschen, die dieser Norm nicht genügen können oder wollen. Sie richtet auch diejenigen, die ihr entsprechen, zu einseitigen und bald verschlissenen Arbeitsmaschinen ab.

Demgegenüber gilt es, ganz neue Lebensverläufe, vielfältige Wege des Neben- und Nacheinanders von Erwerbs-, Familien-, sozialer, kultureller und politischer Arbeit zu ermöglichen. Dazu gehört vor allem die Entzerrung von Biografien: die Auflösung der „Rush-Hour" in der Mitte des Lebens, in der alle biografischen Hauptprobleme (Bildung, Aus- und Weiterbildung, berufliche Eingliederung, Stabilisierung und Fortkommen, Persönlichkeitsbildung, Familiengründung ...) gleichzeitig bearbeitet werden müssen. Die Entzerrung von Biografien würde bedeuten, die (insbesondere männlichen) Angehörigen der mittleren Generationen in den Mittelschichten wesentlich von Erwerbsarbeit zu entlasten, um im Gegenzug die Angehörigen der unteren Schichten, die Frauen und die älteren Generationen wesentlich mehr in Erwerbsarbeit (und in die mit dieser verbundenen Möglichkeiten der Einkommenserzielung, der Qualifikation, der sozialen Kontakte und Anerkennungen) einzubinden. Das würde bedeuten, den eigentlichen Motor der Produktions- und Arbeitsmaschine Deutschlands, den arbeitenden Mann der Mittelschichten, erheblich zu drosseln.

19. Ein neues Klassenbündnis

Diese Forderung ist natürlich kulturrevolutionär: Wir wünschen uns, dass die nicht nur politische und ökonomische, sondern auch kulturelle Vereinseitigung des Lebens auf Erwerbsarbeit aufgehoben wird. Damit ist zum Beispiel die Vision verbunden, aus dem zarten Pflänzchen, das mit der Einführung des Elterngelds gewachsen ist, einen Wald zu machen. Eine grundlegende Änderung der Geschlechterbeziehungen und Geschlechterrollen bildet den Kern jeder emanzipatorischen Politik. Nur wenn die „Normalität" des männlichen Lebensverlaufs, seine arbeits- und sozialrechtliche ebenso wie seine soziale und kulturelle Konstruktion aufgehoben wird, wird eine Gleichberechtigung der Geschlechter möglich. Und nur wenn dieses Projekt der Einbindung aller Männer in unbezahlte Fürsorge- und Hausarbeit in Familien und anderen Sozialverbänden insgesamt mit einer sozialen Umverteilung von

Arbeit, Einkommen und anderen Zugangs- und Beteiligungsrechten in der Gesellschaft verbunden wird, wird das emanzipatorische Projekt auch ein soziales sein.

Die Verachtung der Unterschichten, der Krieg der Mittelschichten gegen die Unterschichten wird beendet. Eine neue Linke wird nur dann Erfolg haben, wenn es gelingt, ein *neues Klassenbündnis* zu schmieden. Die Gesellschaft erklärt es als prinzipiell illegitim, dass es Bevölkerungsteile gibt, die wirtschaftlich, sozial und kulturell unterentwickelt bleiben. Dieses egalitäre und radikaldemokratische Axiom hat Folgen für den Demokratiebegriff selbst, für den Zugang zum und die Ausgestaltung des Arbeitsmarkts, für die mit Arbeit verbundenen Rechte und Pflichten, und für das ganze Bildungswesen. Es darf weder von wirtschaftlicher Teilhabe Ausgeschlossene noch „bildungsferne" Schichten geben. Nur ein solches wirklich egalitäres Programm kann in Zukunft noch als fortschrittlich bezeichnet werden. Sein philosophisches Grundaxiom ist ein emphatischer Begriff der universalen Menschenwürde, wie er von Kant formuliert und von Martha Nussbaum im sogenannten Fähigkeiten-Ansatz weiterentwickelt wurde: Alle Menschen müssen als *Personen* im emphatischen Sinne des Wortes behandelt werden.[10] Das bedeutet, jeder und jede muss jederzeit als Zweck an sich selbst behandelt werden; er oder sie darf niemals primär als Mittel für andere oder anderes betrachtet werden. Das ist eine folgenreiche Festlegung, denn sie bestimmt als den Zweck einer jeden Gesellschaft die Entwicklung der menschlichen Fähigkeiten *aller* Gesellschaftsmitglieder. Damit ist ein völlig anderer Maßstab für gesellschaftliche Entwicklungsziele gegeben. Der bisherige Maßstab (Bruttoinlandsprodukt, Wachstum, Unternehmensgewinne, Arbeitslosenzahlen, durchschnittliches Volkseinkommen usw.) wird dadurch nicht völlig bedeutungslos, aber doch extrem relativiert. Im Zweifelsfall wird der bisherige rein wirtschaftliche Bewertungsmaßstab für nationale Wohlfahrt einem umfassenderen menschlichen Bewertungsmaßstab untergeordnet. Diese Folgerung klar zu ziehen ist die Eigenart eines jeden ernsthaften linken Fortschrittsprojekts. Andere, eher liberalkonservative Projekte werden dies anders gewichten und vielleicht auf eine Art „Balance" zwischen traditionell volks-

---

10 Vgl. Martha C. Nussbaum, *Gerechtigkeit oder Das gute Leben*, Frankfurt am Main 1999

wirtschaftlichen Kriterien und dem Kriterium der umfassenden Förderung menschlicher Fähigkeiten abzielen.

Mit einem solchen starken Begriff einer jeden Person und ihrer Fähigkeiten ist in jedem Fall ein sehr starkes Kriterium für die Beurteilung sämtlicher staatlicher Reformagenden und Sozialsysteme gegeben: für die Arbeitsmarkt-, Sozial- und Bildungspolitik ebenso wie für die Politik des Alters, der Frauen, der Familien und der Jugend. Aus diesem Blickwinkel betrachtet waren die politischen Initiativen der letzten Regierungen fast ausnahmslos falsch, denn sie zielten allesamt höchst einseitig auf die Mobilisierung von „Arbeitskräften" ab. Die Behandlung jedes Menschen nicht primär als Arbeitskraft, sondern als umfassender Selbstzweck aber ist, in Kants Worten, ein heiliges Gesetz. Es darf nicht verletzt werden. Insofern kann man sagen, dass das hier skizzierte Programm den Artikel 1 des Grundgesetzes auf eine unerhörte Weise stark macht – und zwar nicht in Form einer Ermächtigung an die Verfassungsjustiz (wie sie in jüngerer Zeit auf allen möglichen Politikfeldern immer beliebter wurde), sondern als Ermächtigung des demokratischen Volkes zu radikalen Reformen des Gesellschaftssystems, die mit der Forderung nach der Herausbildung eines wirklich freien Menschen vereinbar wären.

20. Die soziale und die demokratische Frage

Die Auflösung der sozialen Frage ist also gerade nicht der Auftrag an irgendeine paternalistische staatliche „Wohlfahrt". Es ist der ernst genommene Auftrag des demokratischen Staatsvolks an sich selbst, wirklich ein Volk von freien Staatsbürgern zu werden. Es ist kein Zufall, dass das einst hart erkämpfte allgemeine und freie Wahlrecht heute nahezu bedeutungslos ist, weil die politischen Alternativen zunehmend verstellt erscheinen. An dieser Stelle ist daran zu erinnern, warum selbst republikanische Denker wie Kant das gemeine Volk (und alle Frauen) vom aktiven Staatsbürgerstatus und Wahlrecht ausgeschlossen und zu bloß passiven Bürgern erklärt hatten. Ihm galt die „Abhängigkeit von dem Willen anderer und Ungleichheit" (die Abhängigkeit also von der Willkür eines Ehemanns, Lohnherrn usw.), die Notwendigkeit, „nach der Verfügung anderer" zu existieren, als ein prinzipielles Hindernis für den Status bürgerlicher Selbstständigkeit und damit für die voll berechtigte Staatsbürgerschaft.[11] Die im kantischen Sinne als unselbstständig Geltenden sind eben in einem spezifischen Sinne Unfreie und Ungleiche. Sie sind dies, weil sie wegen ihrer untergeordneten Machtposition als prinzipiell käuflich, korrumpierbar und dem Willen anderer unterworfen gelten.

In gewisser Weise kann man sagen, dass diese Korruptionsgefahr heute für ganze Gesellschaften gilt: Allzu bereitwillig unterwerfen wir uns bisher dem Willen mächtiger Investoren und Konzerne, die mit dem „Arbeitsplatzargument" locken und drohen. War dies für Autoren wie Kant noch ein Argument für das bürgerliche Zensuswahlrecht, so müssen wir heute dieses Argument radikaldemokratisch umkehren und zuspitzen: Emanzipatorisch und mit der allgemeinen Forderung nach dem vollen Person-Sein aller vereinbar ist nur eine Gesellschaftsordnung, die in der Tat niemanden als bloßes „Mittel", Diener oder Arbeitskraft behandelt (für den Profit oder die Bequemlich-

11 Immanuel Kant, Metaphysik der Sitten, Rechtslehre, in: *Werkausgabe Bd. VIII*, hrsg. von W. Weischedel, Frankfurt am Main 1977, S. 433

keit anderer). Mit anderen Worten, ein anspruchsvolles demokratisches Staatswesen kann sich niemals mit der Existenz Ungleicher abfinden, denn diese sind als Objekte der Ausbeutung, Herrschaft und der paternalistischen Fürsorge (sei sie die des Mannes, des „Arbeitgebers“ oder des Staates) keine Personen im vollen Sinne. Dass jeder selbst über sein Leben bestimmen kann und autonom wird im emphatischen Sinne, erfordert eben mehr als nur einen Arbeitsplatz zu haben, wie man heute so schön sagt. Die Arbeitslosenstatistik ist ein denkbar ungünstiges Instrument, um den Grad der Selbstständigkeit von Personen in einer Gesellschaft zu messen. So viele Ausbeutungs- und Unterordnungsverhältnisse, so viel Entwürdigung und schlechte Arbeit wurde in den letzten Jahrzehnten durch dieses falsche Ziel legitimiert. Damit muss es ein Ende haben. Es reicht mitnichten aus, irgendeine „Arbeit“ zu haben, um wirklich ein Mensch zu sein im umfassenden Sinne. Die bloße *Subsistenz* kann durch alle möglichen Formen der Unterordnung und Abhängigkeit gesichert sein (Almosen, staatliche Fürsorge, Heirat, Lohnarbeit, Leibeigenschaft und Sklaverei). Daraus wird noch keine wirkliche *Existenz*. Die Glorifizierung von Lohnarbeit (und damit des Kapitalismus als Maschine der „Arbeitsbeschaffung“) ist ein historischer Irrweg. Nur für eine kurze Epoche (1950–1975) hat die Lohnarbeitsgesellschaft denn auch einigermaßen funktioniert (allerdings auch nur unter der Prämisse der Unselbstständigkeit der Frauen, ihrer Unterwerfung unter den männlichen „Familienernährer“).

Für die Entwicklung menschlicher Selbstständigkeit und Würde braucht es etwas mehr als nur die Beteiligung an einem mehr als unvollkommenen Arbeitsmarkt. Es braucht dazu die umfassende Beteiligung aller Menschen an und Betätigung in familiären, sozialen, politischen und kulturellen Systemen. Die Kulturidee der Zukunft ist die Idee einer vielfältigen Existenz – die Überwindung des „eindimensionalen Menschen“.[12] Aber ist es ein Wunder, dass die uns bislang regierenden politischen, wirtschaftlichen und kulturellen Eliten, die Arbeitsroboter und Klonkrieger der Lohnarbeitsgesellschaft, davon nichts verstehen?

---

12 Vgl. Herbert Marcuse, *Der eindimensionale Mensch. Studien zur Ideologie der fortgeschrittenen Industriegesellschaft*, München 2004

21. Die Kulturfrage – ein anderes Leben

Die Lösung der sozialen und der demokratischen Frage läuft natürlich in letzter Instanz auf die kulturelle zu: *Wollen* wir wirklich unser Leben, unsere gesellschaftlichen Normen und Institutionen in einer umfassenden Weise ändern? Würden wir dadurch wirklich mehr Freiheit, Gleichheit und Lebensqualität gewinnen? Oder würden wir nur, wie die Verteidiger des Status quo argumentieren, an Wohlstand verlieren? Alles hängt auch hier davon ab, wie glaubwürdig und selbstbewusst wir den Wunsch nach einer Änderung der Verhältnisse vertreten. Gerade hieran hat es in der jüngeren Vergangenheit gemangelt. Es mangelte bislang an kulturellem Vorstellungsvermögen. Der Gegner hat bisher gesiegt, weil er wusste, was er will. Wir können es uns nicht mehr länger leisten, nicht genau zu wissen, was wir wollen – wenn wir glaubwürdig für eine bessere Welt kämpfen möchten. Das betrifft veränderte Lebens- und Arbeitsformen von Freien und Gleichen: Männern und Frauen, Jungen und Alten. Der Primat der abhängigen Beschäftigung scheint mir dabei eine zentrale Blockade in unserem Denken zu sein. Die Sicherung von abhängiger und sozialversicherungspflichtiger

Beschäftigung in Lohnarbeit macht dann notwendigerweise den Kapitalismus in seiner gegenwärtigen Form erforderlich – und den Übergang unserer Staaten in postdemokratische, den Abwanderungsdrohungen der Unternehmen unterworfene Gebilde. Diese Denkblockade unserer Gesellschaft zeigt sich an ganz banalen Beispielen wie demjenigen, dass die Arbeit eines Menschen, der seine eigenen Familienangehörigen pflegt und erzieht, der seinen eigenen Haushalt führt, weniger wert ist als diejenige, die er bei anderen Familien für deren Angehörige und in deren Haushalt gegen (meist schlechte) Bezahlung verrichtet. Hier zeigt sich die ganze Perversion der „Arbeitsbeschaffung" – und der kapitalistischen und staatlichen Formen der „Beschäftigung" und Betreuung, in die unsere Gesellschaft diejenigen zwingt, die nach gleicher sozialer Anerkennung streben.

Die Verteidigung der Autonomie des Lebens gegen den Primat der Lohnarbeit gegen das aktuelle Bündnis von Staat und Kapital weist zum einen „zurück" auf Formen spontan organisierter familiärer und sozialer Netzwerke. Zum anderen weist sie „voraus" in die Richtung eines radikalen Ausbaus von heute bereits da und dort existierenden Formen selbstorganisierter und genossenschaftlicher Arbeit im Produktionsbereich. Sowohl der kapitalistischen Ausbeutung als auch der staatlichen Verwaltung des Lebens müssen wir dabei Widerstand leisten. Die Idee der Freiheit, die uns dabei beseelt, ist zunächst noch recht unbestimmt. Ihre konkreten Gewinne im Leben können nur diejenigen erfahren, die versuchen, diese Freiheit praktisch zu erproben. Bis heute sind wir dabei noch fast immer gescheitert oder auf kleine Inseln und Ausnahmen beschränkt geblieben. Es ist ein Paradox, das nur praktisch aufgelöst werden kann: Eine freie Gesellschaft kann nur durch die Produktion, durch die Bildung freier Menschen entstehen. Dafür brauchen wir eine solidarische Grundlage: die Garantie einer basalen sozialen Sicherheit des Lebens, insbesondere im Alter. Die Angst vor Arbeitslosigkeit und Altersarmut unterwirft heute unzählige Menschen der Herrschaft ihrer „Arbeitgeber" – und treibt die Gesellschaft insgesamt in eine sozial wie ökologisch immer ruinösere, in eine die Lebensqualität und das solidarische Zusammenleben immer mehr zerstörende Form der Konkurrenz und Mehrarbeit. Dem vor allem sollten wir durch neue soziale Vereinbarungen von Rechten und Pflichten Einhalt gebieten. Dazu gehört ein bedingungsloses Grundeinkommen ebenso wie eine gesamtgesellschaftlich vereinbarte erheblich reduzierte Normalarbeitszeit für alle, damit tatsächlich alle, wie André Gorz sagt, weniger arbeiten und besser leben können.[13] Das emanzipatorische Programm der Zukunft wird insofern nur als Übereinstimmung von fünf Grundprinzipien überzeugend sein: umfassende demokratische Beteiligung aller Menschen in Staat und Wirtschaft; radikale soziale Gleichheit und Geschlechtergleichheit; ökologische Nachhaltigkeit und kulturelle Vielfalt.

Soziale Rechte, soziale Gleichheit und Geschlechtergleichheit sind keine Selbstzwecke. Sie sollen einen freien Menschen, ein freies Leben ermöglichen. Sie sollen einen *anderen Menschentyp* hervorbringen; welcher Menschentyp durch das aktuelle System der Angst und des Kampfes ums Dasein hervorgebracht wird, können wir alle täglich erleben. Erst auf der Grundlage einer einigermaßen gesicherten gleichen sozialen Existenz beginnt das Eigent-

---

13 Vgl. André Gorz, *Auswege aus dem Kapitalismus*, a.a.O., S. 104

liche: die Ausgestaltung des gemeinsamen Raums und der gemeinsamen Zeit der Freiheit, der Formen des Zusammenlebens und der gesellschaftlichen Entwicklung. Die kulturellen Ressourcen der Gesellschaft sind dabei zugleich die *Mittel*, die unabdingbaren Voraussetzungen und die emphatischen *Zwecke* der freien Entwicklung der Einzelnen. Welche wirtschaftlichen Organisations- und Eigentumsformen, welche technischen und wissenschaftlichen Mittel, welche Produktions-, Arbeits- und Konsumformen und -mengen dienen wirklich dem Fortschritt der menschlichen Lebensbedingungen? Alles wird darauf ankommen, wie konkret in diesem Zusammenhang der Wunsch nach einem anderen Leben artikuliert und in persönlich glaubwürdige und politisch tragfähige soziale Praktiken umgesetzt wird.

Zum Schluss. Ein neuer Gesellschaftsvertrag

Der Entwurf für eine bessere Zukunft hat immer von den konkreten Symptomen des Leidens auszugehen: Von der wachsenden sozialen Ungleichheit im nationalen wie internationalen Maßstab; von der ebenso individuellen wie kollektiven Unfreiheit; von der zunehmenden Umweltzerstörung; und vom Verlust an Lebensqualität infolge verschärfter Konkurrenz und eines allgemeinen Zwangs zu Mehrarbeit. Eine gerechtere Gesellschaft entsteht nur im Rahmen einer umfassenden Vision für ein besseres Leben für alle. Nicht nur die Politiker sowie die Unternehmer- und Arbeitervertreter waren kleinmütig in den letzten Jahrzehnten. Auch die Eliten in den Medien, in den Schulen und Hochschulen, in den Zeitungen, Zeitschriften und Verlagen, in den Museen und Theatern. Der kategorische Imperativ der hier vorgeschlagenen fortschrittlichen Erneuerung lautet also: Groß denken! Nicht nur um den Mut geht es, sich seines eigenen Verstandes auch ohne die Anleitung eines anderen zu bedienen. Es geht auch um den Mut, das Denken wirklich für eine schöpferische Erneuerung zu gebrauchen: für die Erfindung neuer Lebensformen und Gewohnheiten. Wie für die Aufklärung am Ausgang aus der Epoche von Feudalismus und Monarchie geht es heute darum, einen neuen Gesellschaftsvertrag zu erfinden. Es geht darum, die überlieferten Bahnen der technokratischen, bürokratischen und kulturindustriellen Routinen zu verlassen, um wirklich Modelle für eine andere Gesellschaft zu entwickeln. Die existierenden Eliten werden das belächeln und als unprofessionelle, weltfremde Spekulationen abtun. Sie werden das vorwaltende Realitätsprinzip in Anschlag bringen, weil ihr Wissen und ihre Kompetenz nur innerhalb desselben etwas gelten. Davon, von dieser bislang von fast allen stillschweigend geduldeten Bevormundung, werden wir uns befreien müssen. Wenn wir nicht mehr länger die Klonkrieger des neoliberalen Kapitalismus sein wollen, dann werden wir fragen müssen, was für Menschen wir sein wollen. Dann werden wir lernen müssen, endlich im eigenen Namen zu sprechen und die Frage zu stellen, wie wir eigentlich leben wollen.

Der Autor

Dr. phil. Michael Hirsch, geboren 1966 in Karlsruhe, ist Philosoph und Politikwissenschaftler.
Er lebt als freier Autor und Dozent in München.